Martina Bohr

Ein
Weihnachts-Winter-Lese-Spaß
für die ganze Familie
mit Jule und Tomte

nach der gleichnamigen Geschichte

Warum der Bär seinen Winterschlaf verpasste

Theaterstück von Martina Bohr

Aus der Reihe
Theaterstücke mit Jule und Tomte
Nr.1

Dieses Buch gehört

Ein
Weihnachts-Winter-Lese-Spaß
für die ganze Familie
mit Jule und Tomte

nach der gleichnamigen Geschichte

Warum der Bär seinen Winterschlaf verpasste

Theaterstück von Martina Bohr

Für alle Kinder

*Ein
Weihnachts-Winter-Lese-Spaß
für die ganze Familie*
mit Jule und Tomte

Nach der gleichnamigen Weihnachtsgeschichte

Warum der Bär seinen Winterschlaf verpasste

von Martina Bohr

zum Inhalt:

Während der Vorbereitung auf seinen Winterschlaf, lauscht ein Bär den Erzählungen von Vater Fuchs.

Geheimnisvoll schildert dieser seiner Familie, wie die Menschen das Weihnachtsfest feiern. Das Wort „Weihnachtsfest" löst in dem Bären ein eigenartiges und wohliges Gefühl aus. Das Weihnachtsfest zu feiern, wird sein Herzenswunsch.

Dieser erreicht die Wunschpoststation von Jule und Tomte, die zwei Weihnachtswichtel aus dem Vorweihnachtsdorf. Sie haben sofort eine Idee und versuchen zu helfen.

Um noch mehr über dieses Fest zu erfahren beschließt der Bär, alle Tiere im Wald danach zu befragen, die ihm begegnen. Dabei gelangt er immer weiter an den Waldrand und somit auch in die Nähe der Menschen.

Eines Morgens stehen zwei Kinder vor ihm und bitten ihn, das Weihnachtsfest mit ihnen zu feiern.

Ob ihm das gelingt?

Ich wünsche nun allen, die dieses kleine Theaterstück gemeinsam lesen,
viel Spaß und eine kuschelige Winter- und Weihnachtszeit.

An einigen Stellen habe ich Regie-Hinweise eingefügt. Diese müssen nicht mitgelesen werden.

Zum Beispiel: *Vater kommt und stellt sich neben seine Frau. Er spricht mit besorgter Stimme.*

Jule und Tomte stehen nebeneinander.

Jule

Hallo ihr Lieben, schön dass ihr alle da seid. Wir sind Jule und Tomte, wir kommen direkt aus dem Vorweihnachtsdorf.

Wir arbeiten dort in der Wunschpoststation. Vor Kurzem ist bei uns der Wunsch eines Bären eingegangen. Seinen Wunsch verraten wir euch noch nicht, schaut selbst. Ihr dürft nun seiner Geschichte folgen und lauschen.

Jule und Tomte weisen mit der flachen Hand auf die Bühne.

Tomte

Das Laub der Bäume färbt sich rot und leuchtend gelb. Der Herbst mit seinen kalten Winden und bunten Farben kündigt die vierte Jahreszeit an. Dies ist die Zeit, in der die Tiere damit beschäftigt sind, Vorräte für den langen, kalten Winter zu sammeln. Einige Tiere gehen den ganzen Winter schlafen. Mollig dick und rund wollen sie sein, bevor sie in den Winterschlaf gehen, damit ihnen nicht zu kalt wird und sie genug Kraft für den langen Winter haben.

Kleine Waldbewohner kommen auf die Bühne und stellen pantomimisch das Sammeln von Futter dar.

Jule

Wir können Tiere im Wald beobachten und Eichhörnchen sehen, wie sie emsig Nüsse, Eicheln und Kastanien sammeln. Auch Kaninchen kann man sehen, die über Lichtungen und die benachbarten Wiesen huschen. Überall im Wald raschelt es.

Tomte

Da sind die Igel, die sich für ihren Winterschlaf noch schnell ein wenig Fett anfuttern wollen. Außerdem sind dort viele Vögel, die in den Blättern nach Würmern und Käfern suchen.

Bär kommt auf die Bühne, die Waldbewohner gehen wieder.

Jule

In diesem Wald lebte neben den Igeln, den Füchsen und Kaninchen auch ein Braunbär, der sich wie jeden Herbst daran macht, für drei Monate Winterschlaf zu halten. Er war gerade dabei, viele nützliche Dinge, die er im Wald fand, in seine Höhle zu tragen und sich aus Laub ein weiches Lager zu bauen.

Tomte

Er sammelt Beeren und allerlei Leckereien und legt sie an eine saubere Stelle in seiner Höhle, damit er etwas zu essen hatt, sollte er während seines Winterschlafs kurz einmal aufwachen.

Bär

Oh wer versammelt sich dort? Eine Fuchsfamilie, ich verstecke mich mal schnell.

Fuchs

Kinder versammelt euch um mich herum, ich möchte euch eine Geschichte erzählen.

Fuchskinder

Oh fein Vati, wir lieben Geschichten!

Bär

Der Fuchs erzählt eine Geschichte, die möchte ich auch hören, da mache ich es mir doch einfach mal bequem und lausche dem, was er erzählt.

Jule

Der Fuchs saß auf einem Stein und begann seinen Kindern eine Geschichte zu erzählen.

Tomte

Der Bär freute sich, denn er liebte Geschichten. So setzte er sich gemütlich hinter einen Baum und hörte zu. Es war eine wunderschöne Geschichte, die Vater Fuchs erzählte.

Jule

Der Fuchs sprach von einem Weihnachtsfest, es sei angeblich das Fest der Liebe, der Freundlichkeit und Hilfsbereitschaft, das aber nur von den Menschen gefeiert werden würde, und dass die Zeit vor und während der Weihnacht die Menschen dazu anregte, Gutes zu tun.

Die Füchse gehen von der Bühne.

Tomte

Von all dem hatte der Bär noch nie etwas gehört. Er wollte weiter der freundlichen Stimme des Fuchses lauschen, doch die Fuchsfamilie sprang auf und verschwand in ihrem Bau. Irgendetwas musste sie erschreckt haben.

Bär

Schade, gerne hätte ich noch mehr über dieses Fest erfahren. Es muss ja ein ganz besonderes Fest sein, wenn der Fuchs so viel darüber weiß und so tut, als sei es so wertvoll für die Menschen, wie der Honig für mich. Morgen werde ich noch einmal schauen.
Vielleicht ist die Fuchsfamilie wieder an dieser Stelle, da lausche ich dann noch einmal. Hoffentlich erzählt er noch mehr von diesem Weihnachtsfest.

Der Fuchs und die Fuchskinder kommen zurück.

Jule

Am nächsten Tag ging er wieder zu der gleichen Stelle, in der Hoffnung, mehr über dieses geheimnisvolle Fest zu erfahren. Er hatte Glück, die Fuchsfamilie war wieder da und der Vater erzählte seiner Familie erneut von dem besonderen Fest. Seine Stimme klang geheimnisvoll. So schlich sich der Bär wieder hinter den Strauch und lauschte gespannt weiter.

Bär

Oh! Ich bin ein Glückspilz, die Füchse sind wieder da!

Fuchs

Das Fest findet immer mitten im Winter statt. Die Menschen haben viele Rituale, die ihnen Freude bereiten und Mut machen.
Zu uns kommen sie in den Wald und holen sich Tannenbäume, die sie zu Hause mit bunten Kugeln und vielen Lichtern schmücken.
In den Fenstern stehen Kerzen, die am Abend leuchten.
Auch hoffen die Menschen, dass es zu Weihnachten schneien wird.
Aus den Häusern duftet es nach Orangen, Zimt und Schokolade, nach Honig und Vanille.
Am Abend liegt ein unbeschreiblicher Duft in der Luft.

ABER!! Ich muss euch warnen, lasst euch davon nicht locken und wagt es nicht, in die Häuser der Menschen zu laufen und etwas zu naschen, die Menschen würden euch vielleicht fangen!

Die Kinder sind gerade in dieser Zeit sehr fröhlich und besonders gehorsam.
Angeblich kommt am Heiligen Abend jemand und legt Geschenke unter den geschmückten Baum.
Und irgendwie sprechen alle von einem Geist der Weihnacht. Der sorgt angeblich dafür, dass alle in der Weihnachtszeit etwas Gutes tun wollen.

Fuchskinder
Bekommen wir auch Geschenke? Ich will auch einen Geist sehen! Ich möchte auch Kerzen im Wald haben und einen Baum schmücken!!!

Fuchs
Also nochmal Kinder, ihr werdet weder einen Geist, noch Tannbaumschmuck und schon gar keine Kerzen im Wald finden, viel zu gefährlich, schon wegen der Brandgefahr. Auch Geschenke wird es für uns Tiere nicht geben. Nein! Das Weihnachtsfest ist ein Fest nur für die Menschen nicht für uns! Es tut mir leid, wenn ich euch da nun enttäuschen muss. Kinder lauft schnell in den Bau zurück! Ich wittere etwas.

Die Füchse verlassen die Bühne.

Jetzt spricht der Bär seinen Wunsch aus.

Bär

Weihnachtsfest!! Welch zauberhafter, wundervoller Klang diesem Wort innewohnt.
Ich muss unbedingt mehr über dieses Weihnachtsfest herausfinden.
Da packt mich doch die Abenteuerlust.
Ob es letztendlich nur ein Fest für die Menschen ist, das wollen wir doch mal sehen!
Ich wünsche mir von ganzem Herzen Weihnachten feiern zu dürfen!

Jule und Tomte sagen ihren Spruch auf.

Jule und Tomte

Im Nirgendwo dem fernen Land, nimmt Jule Tomte an die Hand, wir reiben unseren halben Stern, lieber Bär, diesen Wunsch erfüllen wir die gern.

Tomte

Von nun an war der Bär fest entschlossen, alle im Wald lebenden Tiere danach zu befragen. Somit packte er ein Bündel mit Essbarem für seine Reise. Er konnte kaum schlafen, so aufgeregt war er.

Das Eichhörnchen macht sich bereit.

Jule

Am nächsten Morgen, nachdem es hell geworden war, machte sich der Bär auf den Weg. Gleich zu Anfang traf er das Eichhörnchen.

Bär

Brummel, brummel, hoffentlich treffe ich noch viele andere Tiere, die ich nach dem Weihnachtsfest fragen kann.

Oh, da ist schon ein Eichhörnchen, da frage ich einmal leise an, nicht dass es sich erschrickt und wieder verschwindet.

Hallo, Eichhörnchen, na wie geht's dir?

Eichhörnchen

Hm, naja so ganz gut. Was machst du denn hier? Dich hab' ich noch nie hier gesehen.

Bär

Kann schon sein. Darf ich dich mal etwas fragen?

Eichhörnchen

Meinet wegen, dann schieß mal los, aber nicht auf mich. Scherzchen!

Ich habe nicht ewig Zeit, ist schon ganz schön kalt, ich würde gerne zurück in meine Höhle, bevor ich mit meinen Pfoten am Boden festfriere.

Bär

Ok, ich mache es kurz. Sag mal Eichhörnchen, weißt du etwas vom Weihnachtsfest der Menschen?

Eichhörnchen

Ne, nicht so recht, also die Luft ist voller Glockengeläut und aus den Häusern ertönt ruhige Musik und weicher Gesang. Nicht so viel Bass und Bum, Bum, wie üblich. Sonst weiß ich leider nix, tut mir leid. Du musst wissen, ich halte zu der Zeit schon meine Winterruhe. In meiner Baumhöhle ist es warm, weißt du. Wenn es friert dann verlasse ich meine Höhle nicht mehr, darum guter Bär muss ich jetzt auch los, mach's gut.

Bär

Danke Eichhörnchen, dass du dir die Zeit genommen hast. Ich wünsche dir eine kuschlige Winterruhe.

Der Bär dreht sich zum Publikum und spricht weiter.

Bär

Das Eichhörnchen wusste zwar nicht viel, aber etwas schlauer bin ich nun schon.

Das Kaninchen macht sich bereit.
Der Bär taps weiter über die Bühne.

Tomte

Als der Bär eine Weile gegangen war, traf er ein Kaninchen, dieses ging schnurstracks auf ihn zu und sprach ihn direkt an.

Kaninchen (keck)

Na du, was machs'te denn hier? Müsstest du nicht schon in deinem Winterschlaf liegen?
Ist schon mächtig kalt, fins'te nicht?

Bär

Hallo Kaninchen, du bist aber mutig. Du scheinst ja so gar keine Angst vor mir zu haben, wenn du mich einfach so anquatschst.

Kaninchen

Ne, warum auch? Du siehst doch ganz harmlos aus, irgendwie kuschlig, ähnlich wie ich.

Bär

Dann kannst du mir doch bestimmt erzählen, was es mit dem Weihnachtsfest der Menschen auf sich hat!?

Kaninchen

Oh! ich mag lieber nicht daran denken. Wir Kaninchen, Gänse und auch Enten müssen an diesen Tagen gut auf uns aufpassen, sonst landen wir als Festbraten auf dem Tisch der Menschen.

Bär

Uhi, das klingt nicht gut. Sag, Kaninchen, muss ich auch vorsichtig sein?

Kaninchen (lachend)

Nein, du nicht! Du bist ein wenig zu groß für einen Festbraten!
Mach dir darüber mal keinen Kopf.
Außerdem, was kümmerts dich, das ist doch ein Fest nur für die Menschen, nicht für uns Tiere. Sieh lieber zu, dass du in den Winterschlaf kommst.
Also ich muss jetzt auch zurück in meinen Bau, Tschau, tschau.
Mach's gut!!

Bär

Tschau Kaninchen, mach's auch gut.

Der Bär dreht sich wieder zum Publikum, reibt seinen Bauch und schaut an sich herunter.

Ich bin echt froh, dass ich zu dick und zu groß für einen Festbraten bin, da kann ich ja unbesorgt weiterforschen, was es mit diesem Fest auf sich hat.
Und bevor ich das nicht weiß, gehe ich auch nicht in den Winterschlaf. Ich wünschte, wir könnten alle das Weihnachtsfest feiern, die Tiere ohne Angst zusammen mit den Menschen.
Ein Fest der Liebe eben für uns alle. Wer mag auch schon Ente und Kaninchen?
Also, das Abenteuer Weihnacht beginnt. Jiha!!!

Die Eule macht sich bereit.
Die Bühne wird dunkler, die Eule flattert über die Bühne
und setzt sich auf einen Ast.

Jule

Während der Bär, unter einem Baum, ein kleines
Nickerchen hielt. Ging der Mond in der Dämmerung auf.
Vereinzelnd sah man am Himmel Sterne leuchten.
Plötzlich wurde er wach, weil etwas um seinen Kopf
herumflatterte.

Eule (neugierig)

„Huhu du, welch seltener Besuch! Du bist aber schon
weit gelaufen. Huhu, am anderen Ende des Waldes
wohnst du! Huhu auf meinem Flug durch den Wald
habe ich dich schon ein paar Mal gesehen. Huhu, was
treibt dich hier her?"

Der Bär wendet sich dem Publikum zu.

Bär

Das ist aber eine neugierige Eule. Obwohl, sie kommt
weit herum und kann mir bestimmt erzählen, was sie so
alles über das Weihnachtsfest weiß. Ich werde es
geschickt anstellen müssen, damit sie sich die Zeit für
mich nimmt.

Bär wendet sich wieder der Eule zu

12

Liebe Eule, wie gut das ich **dich** treffe, denn du kommst weit herum und kannst mir bestimmt etwas über dieses Fest erzählen, welches die Menschen Weihnachtsfest nennen?"

Eule (wichtigtuerisch)

Huhu, ich habe viel zu erzählen! Ich hatte den ganzen Tag Ruh und bin die gute lange Nacht wach! Huhu! Such dir ein Lager und mach es dir gemütlich, dann erzähle ich dir alles, was ich weiß!
Huhu, du fragst **genau die Richtig**e, ich sitze jedes Jahr in der Tanne neben einem Haus und beobachte alles, wenn die Menschen das Weihnachtsfest feiern!

Tomte

Die Eule hockte auf ihrem Ast und erzählte, bis weit über ihnen die Sterne funkelten. Gespannt hörte der Bär zu. Sein Herz wurde ganz warm. Nun war sein Wunsch, Weihnachten zu feiern, so groß, dass er alles daransetzen wollte, dass dieser Wunsch auch in Erfüllung ging.

Bär (schüchtern)

Sag einmal liebe Eule, wenn du dich so gut mit dem Weihnachtsfest auskennst, möchtest du vielleicht mit **mir** dieses Fest feiern?

Eule

Nein, Bär, das ist ein Fest nur für die Menschen, nicht für uns Tiere. Sei mir nicht böse, ich bin jetzt auch hungrig und verabschiede mich! Mach's gut Bär.

Bär

Ach liebe Eule, ich bin dir doch nicht böse. Ich danke dir für deine lebhafte Erzählung. Jetzt weiß ich doch schon viel mehr über das Weihnachtsfest. Guten Flug durch die dunkle Nacht.
Hm, irgendetwas ist heute anders als sonst. Aber ich bin viel zu müde, um nachzuschauen.

Jule

Ja, etwas war anders als sonst, doch der Bär kam nicht darauf, was es war. Dann schlief er ein und träumte von Glockengeläut und Kinderlachen.
Als die Sonne ihn an der Nase kitzelte und er seine Augen öffnete, da sah er voller Verwunderung einen kleinen Jungen und ein kleines Mädchen, die vor ihm standen. Er erschrak, denn er hatte nicht damit gerechnet, im Wald Menschen anzutreffen.

Kinder stellen sich vor dem Bären auf und betrachten ihn neugierig.

Tomte

Die Kinder aber fürchteten sich nicht vor ihm, somit fragte er sie.

Bär

Na! Ihr zwei, was macht ihr am frühen Morgen schon im Wald?

Kind/ Mädchen lachend

Am frühen Morgen, du bist ja witzig, es ist gleich schon Mittag, du Langschläfer.

Kind/ Junge

Außerdem müssen wir dich wohl aufklären.
Du befindest dich nicht direkt im Wald.
Dir ist schon klar, dass du hinter unserer Scheune geschlafen hast?

Bär

Ist das eure Scheune?
Ihr habt recht, da laufe ich mal schnell zurück in den Wald.
Ihr Menschen sollt ja die Tiere fangen wollen, die in die Nähe eurer Häuser kommen.
Habt ihr jemanden von mir erzählt?

Kind /Mädchen

Erstens, wir fangen keine Tiere. Wo hast du nur so etwas aufgeschnappt.
Zweitens, um dich zu beruhigen, wir hatten noch keine Gelegenheit jemanden von dir zu erzählen.
Was glaubst du, was dann hier los wäre?

Kind/Junge

Wie kommst du hierher. So nah heran, kommen ja nicht
einmal die Kaninchen und Rehe.

Bär

Zum Thema Kaninchen, das liegt ja auch schon in seinem
warmen Bau.
Habe es erst gestern getroffen. Es hat Angst, ihr könntet
aus ihm einen Festbraten machen.

Kind /Mädchen

Naja, nicht jeder isst gerne Kaninchen. Also, sag schon,
was führt dich hierher? Kommt die Antwort noch heute
oder willst du, dass wir hier festfrieren?

Bär

Na, was glaubt ihr denn, natürlich
DAS WEIHNACHTSFEST!!!

Kind/ Junge

Au fein!!Möchtest du mit uns Weihnachten feiern? Bist
du deswegen hierhergekommen. Cool. Das wäre echt
eine Festtagsüberraschung.

Bär

Ja, ihr macht mir jetzt Hoffnung, dabei möchte ich
wissen, geht denn das überhaupt?
Weihnachten ist doch ein Fest nur für die Menschen.

Kind / Mädchen

Quatsch!! Wer sagt denn so etwas?? Du hast ja eine Menge Unwahrheiten über das Weihnachtsfest aufgeschnappt. Da werden wir dir wohl mal helfen diese richtig zu stellen.

Kind/Junge

Jeder darf Weihnachten feiern! Es ist schließlich das Fest der Liebe.

Bär

Wie wollt ihr das denn anstellen? Ich kann doch nicht in eurem Haus mit euch zusammen sein?

Kind /Mädchen

He, warum denn eigentlich nicht?

Bär

Na, weil ich ein Bär bin und eure Eltern sich vielleicht vor mir fürchten.
Außerdem habe ich keine Geschenke mitgebracht. Ich habe gehört, dass es Geschenke gibt?!

Kind/Junge

Du bist ein Bär, du müsstest erst das Schreiben erlernen, damit du einen Wunschzettel schreiben kannst. Glaube mir, das dauert viel zu lange. Geschenke, für andere, lassen sich auch schnell mal basteln.
Aber darüber können wir uns auch später noch Gedanken machen.

Kind/Mädchen
Wir müssen dich erst einmal verstecken. Am besten bringen wir dich in unserer Scheune unter. Nachher erzählen wir dir dann, wie wir das Weihnachtsfest feiern.

Jule
Die Kinder bauten dem Bären ein weiches Lager aus Heu. Später kamen sie mit Keksen aus dem Haus zurück und gesellten sich zu ihm.

Tomte
Während sie die Kekse aßen, erzählte das Mädchen, wie ihre Familie das Weihnachtsfest feierte, welche Vorbereitungen getroffen wurden, und dass sie in jedem Jahr die Tradition pflegten, einen zusätzlichen Platz am Tisch mit einem Teller zu bestücken und ein Geschenk bereitzuhalten, für den Fall, dass ein armer Mensch oder ein Reisender oder einfach nur ein Überraschungsgast auftauchen könnte.

Jule
Schon lange war der Platz leer geblieben. Warum sollte in diesem Jahr nicht ein Bär diesen einnehmen.

Bär
Das hört sich sehr gut an, und ich würde so gerne das Weihnachtsfest zusammen mit euch feiern. Meint ihr, ich bekomme ein Geschenk?

Kinder gleichzeitig
Ja! Natürlich bekommst du auch ein Geschenk! Das
lässt sich schon einrichten.

Tomte
Die Kinder baten den Bären, damit die Eltern ihn nicht
entdeckten, am Tage im Wald zu bleiben, wenn es
dunkel wurde, würden sie ihn dann in die Scheune
lotsen.

Jule
Sie versprachen dem Bären, dass sie den Eltern schonend
beibringen würden, wer in diesem Jahr der besondere
Gast sein wird.

*Waldbewohner, die zu Beginn auf der Bühne waren,
begegnen nun dem Bären und zeigen ihm einen Vogel.*

Tomte
Der Bär hielt sich den ganzen Tag im Wald auf.
Wenn er dann anderen Waldbewohnern stolz berichtete,
dass er in diesem Jahr mit den Menschen zusammen
feierte, zeigten ihm seine Zuhörer einen Vogel und
lachten ihn aus.

*Eltern sitzen am Esstisch, bei Kerzenlicht und Kakao.
Die Kinder kommen hinzu.*

Jule

Die Kinder gingen zu ihren Eltern und erzählten frei heraus, wer in diesem Jahr der besondere Weihnachtsgast sein werde.

Kind /Mädchen

Ihr werdet es nicht glauben, aber wir haben einen Bären im Wald getroffen und er ist weit herumgekommen, weil er alles über das Weihnachtsfest in Erfahrung bringen wollte, da haben wir ihn kurzerhand eingeladen, in diesem Jahr unser Weihnachtsgast zu sein.

Kind/Junge

Na, was sagt ihr dazu, ist das eine Überraschung oder wie man jetzt zur Weihnachtszeit auch sagen könnte, eine frohe Botschaft.

Mutter (kopfschüttelnd)

Das habt ihr euch schön ausgedacht, wir sind sehr erstaunt über eure Fähigkeit, Geschichten zu erzählen! Und ein Bär an der Tafel, welch frohe Botschaft ihr da verkündet.

Tomte

Die Kinder merkten nicht, dass die Eltern sie nicht ernst nahmen, und erzählten weiter von der Reise des Bären und wie sie ihn entdeckt haben.

Vater (ernster)

Oh Kinder, die Weihnachtszeit steigt euch wohl zu Kopfe, was ihr euch alles so zurecht bastelt in eurer Fantasie. Es ist auch schön, wie ihr den Abend mit euren Träumereien füllt, aber bis Weihnachten möchten wir nun nichts mehr von eurem Bären hören. Haben wir uns verstanden!?

Kinder gleichzeitig

Ja, Mama und Papa, wir haben verstanden, ist okay.
Wir schweigen über dieses Thema.

Kind/Junge

Aber meckert nachher nicht. Oder verjagt unseren ähm... ach egal.
Wir haben euch ja jetzt gesagt, wer bei uns sein wird.

Jule

Das Weihnachtsfest rückte immer näher. Jeden Abend vor dem Abendbrot ließen die Kinder den Bären in die Scheune und lasen ihm eine Weihnachtsgeschichte vor oder sangen Weihnachtslieder.

Tomte

Der Bär freute sich so auf das Weihnachtsfest. Allerdings sorgte er sich zunehmend, weil er noch keine Geschenke für die Familie hatte.

Jule

Die Kinder halfen ihm, einen Besen aus Reisig zu bauen, den er der Mutter schenken konnte. Für den Vater hatten sie auch schon eine Geschenkidee. Der Bär konnte ihm anbieten, das Brennholz bis zum Frühjahr für ihn zu hacken.

Im Hintergrund wird pantomimisch dargestellt, Besen bauen, Holz hacken/ Tomte spricht langsam weiter.

Tomte

Darüber würde der Vater sich bestimmt freuen. Dem Bären gefiel die Idee sehr gut, und seine Spannung auf das Weihnachtsfest wurde immer größer.

Bär ist im Wald, alle Tiere versammeln sich um ihn herum. Pantomimisch, gestikulierender Bär und staunende Waldbewohner.

Jule

Im Wald erzählte der Bär den Waldbewohnern die Geschichten und sang die Lieder, die er am Abend zuvor von den Kindern gehört hatte. Die Weihnachtsgeschichte von Maria und Josef, bis hin zur Geburt des Jesuskindes war bei den Tieren besonders beliebt, weil auch Esel, Schafe, Kühe und Hunde in der Geschichte vorkamen. Somit stand eines für den Bären fest. Das Weihnachtsfest galt nicht allein den Menschen.

Kurze Pause, Vater geht in die Scheune

Tomte

Zwei Tage vor Weihnachten musste der Vater in die
Scheune. Er meinte, er hätte den Tannenbaumständer
dort deponiert.

Vater

Wo ist nur der Tannenbaumständer?
Ich bin mir sicher, ich habe ihn im letzten Jahr hier
verstaut.
Oder liegt er doch im Keller. Wie eigenartig es hier riecht.
Den Geruch habe ich hier noch niemals wahrgenommen.
Was die Kinder wohl wieder gespielt haben? Ich hoffe
nur die Kinder haben sich die Geschichte über den
Weihnachtsgast nur ausgedacht. Das wäre auch
unmöglich.
Pha! Ein Bär bei uns an der Weihnachtstafel.
Das ich dies überhaupt in Betracht ziehe, zeigt doch
wieder einmal, wie sehr mich der Weihnachtsrummel in
meinem Denken beeinträchtigt. Ich werde nun im Keller
weitersuchen und dann wird der Baum geschmückt. Das
bringt mich auf andere Gedanken.

Jule

Am Abend baute die Familie im Weihnachtszimmer die
Krippe auf und deckte den Tisch für Heilig Abend
festlich ein. Wie in den vergangenen Jahren, deckten sie
auch das Zusatzgedeck für den eventuell eintreffenden
Weihnachtsgast.

*Fenster auf die Bühne. (Kann man wunderbar aus einem
Bilderrahmen machen)*

Tomte

Danach sollte der Raum verschlossen bleiben, bis der
Vater am Weihnachtsabend zur Bescherung läuten
würde.
Der Bär, der gerade aus dem Wald kam, schaute zum
Haus und konnte gerade noch einen Blick in die gute
Stube werfen, bevor die Mutter die Vorhänge zuzog.
Und was er da sah, erfreute sein Herz!

Bär geht zum Fenster und spricht.

Bär

So viel Sauberkeit, Glanz und Schmuck habe ich noch
niemals zuvor gesehen. Ich bin schon ganz nervös und
ich glaube, ich zerspringe bald vor Spannung.
Jetzt muss ich nur noch einmal schlafen, dann ist es
endlich so weit.

Fenster wieder raus.

Jule

Einmal ging er noch in den Wald. Alle Tiere fieberten mit
ihm mit, und als er traurig berichtete, dass er für die
Kinder kein Geschenk habe, halfen ihm die Tiere und
sagten, dass sie ein Treffen im Wald veranstalten würden
und die Kinder alle Tiere kennenlernen und streicheln
dürften.
Der Bär war über so viel Teamgeist und Unterstützung
in seiner Sache begeistert, ja sogar zu Tränen gerührt.

Tomte

Er verabschiedete sich von seiner Tierrunde und
versprach ihnen, nach Weihnachten zu berichten, wie er
das Fest erlebt hatte.

Jule

Am Weihnachtstag durfte der Bär schließlich den ganzen
Tag in der Scheune verbringen. Die Kinder brachten ihm
warmes Wasser, mit dem er sich waschen, und eine
Bürste, mit der er sein Fell bürsten konnte. Auf dem
Rücken kämmten die Kinder den Bären, das gefiel ihm.
Sie putzten und klopften ihm das Fell, bis kein Staub
mehr herauswirbelte.

Tomte

Mit glänzendem Fell stand der Bär nun vor den Kindern,
die ihn bei den Tatzen nahmen und ihn zum Haus
führten.

*Die Kinder gehen langsam vor die Haustür, hinten wird
die Bühne zum Weihnachtszimmer umgebaut.*

Bär

Na Kinder, wie sehe ich aus? Meint ihr, ich kann so an
eurer Tafel Platz nehmen?

Vater und Mutter halten sich bereit.

Kind/Junge

Ich muss sagen, du siehst super aus. Irgendwie wie ein
richtiger Bär!

Kind/Mädchen

Wie ein lieber Bär siehst du aus. Wir hatten noch niemals
einen so schönen Weihnachtsgast. Ein Weihnachtsbär,
wie schön.

Bär

Kinder ich glaube, ich traue mich nicht.
Ich habe jetzt doch Angst und sie ist grad größer als
meine Freude.

Kinder öffnen die Tür.

Bär

Oooh, ich rieche Honig, welch süßer Duft. Ich rieche
auch Gemüse, Ingwer und Orange. Hm, wie lecker das
duftet. Also ich glaube, ich traue mich jetzt doch.

*Der Bär steht ängstlich hinter den Kindern, wenn die
Mutter erscheint.*

Mutter (gedankenversunken)
Hallo Kinder, da seid ihr ja endlich! Bitte wascht euch die
Hände! Gleich gibt es Bescherung und dann wird
gegessen.

Mutter läuft an der offenen Tür vorbei.

Kind/Mädchen
Oh, Oh! Ich glaube, Mama hat den Bären gar nicht
gesehen!

Kind/Junge
Anscheinend gibt es ihn doch, den Weihnachtsstress.

*Mutter kommt im Rückwärtsgang zurück, setzt sich auf
den Boden und schaut ängstlich.*

Mutter
Kinder, sagt wer ist das denn? Wen habt ihr mitgebracht?
Habt ihr keine Angst? Ich fürchte mich!

Kind/Mädchen
Mama, hörst du denn nicht zu, wir haben euch doch von
unserem Weihnachtsgast erzählt.

*Vater kommt und stellt sich neben seine Frau. Spricht
mit besorgter Stimme.*

Was ist mit dir, Frau? Hast du einen Geist gesehen? Du bist ja ganz blass! Was machst du denn auf dem Fußboden?

Mutter

Nein, keinen Geist! Schau, wir haben einen Weihnachtsgast!

Vater

Okay Kinder, da ihr ja schon berichtet habt, dass wir in diesem Jahr einen Weihnachtsgast haben werden, müssen wir euch nun doch wohl glauben.

Und weil ihr zwei schon ein großes Herz bewiesen habt, wollen wir es euch gleicht tun.

Komm meine liebe Frau, steh auf! Es ist doch unhöflich unseren Weihnachtsgast vom Fußboden aus zu begrüßen. Was meinst du?

Mutter

Ja da hast du wohl recht. Willkommen!!!

Kommt doch rein es ist kalt, Kinder wascht euch bitte die Hände, das Essen ist auch gleich fertig.

Ich freu mich darüber, dass wir nach Jahren einmal wieder einen Weihnachtsgast haben.

Also nochmal, herzlich willkommen, lieber Bär.

Vater und Mutter geben dem Bären die Hand. Alle gehen gemeinsam ins Weihnachtszimmer.

Jule

Es war dunkel im Zimmer, bis auf die vielen Lichter am Weihnachtsbaum, diese verliehen dem Raum einen wundersamen Glanz.

Die Tiere aus dem Wald schauen schon durch das Fenster.

Tomte

Der Bär stand staunend vor dem Weihnachtsbaum und konnte es nicht glauben, dass er Weihnachten feiern durfte.

Wer musizieren kann, darf nun ein Weihnachtslied spielen, während alle andächtig vor dem Baum stehen oder mitsingen.

Mutter

Oh hier liegt ja auf jedem Teller ein Päckchen, die sind so wunderschön verpackt.
Was da wohl drin ist?
Lieber Bär bitteschön, du darfst dein Geschenk zuerst öffnen.

Der Bär öffnet sein Geschenk und hält sein Honigglas hoch.

Bär

Ein Honigglas, ein Honigglas! Ich habe ein Weihnachtsgeschenk bekommen.
Und nun weiß ich endlich wie die Menschen Weihnachten feiern.
Ich freue mich so sehr. Danke! Danke! Danke!

Jule

Nachdem alle ein Geschenk ausgepackt hatten, wurde gemeinsam gegessen. Niemand im Haus bemerkte, dass die Tiere aus dem Wald herangekommen waren und neugierig durch das Fenster schauten.

Tomte

Sie freuten sie sich schon auf die Erzählungen des Bären, denn das Bild, das sich ihnen im Weihnachtszimmer bot, war gemütlich und freundlich. Über das Geschenk der Tiere haben sich die Kinder übrigens riesig gefreut. Wenn sie gewusst hätten, wer da alles vor ihrem Fenster stand.

Jule

Es war das wunderbarste Weihnachtsfest, das sie je gefeiert hatten, darüber waren sich alle einig! Nun wusste der Vater, wem das Lager in seiner Scheune wirklich gehörte und auch, woher der Geruch kam, den er bemerkt hatte. Der Vater und die Mutter sahen sich an und nickten sich stumm zu. Da lächelte der Vater und sagte dem Bären, dass er den Rest des Winters in der Scheune wohnen durfte.

Tomte
Und das war auch dringend nötig, denn der Bär hatte
etwas völlig vergessen auf seiner Suche nach dem
Weihnachtsfest,

31

Alle rufen zusammen.

Seinen Winterschlaf!!!

Darf ich vorstellen, meine kleinen Weihnachtshelden :)

Jule und Tomte

Der Bär

Der Fuchs mit seinen Kindern

Die Waldbewohner

Das Kaninchen

Das Eichhörnchen

Die Eule

Die Kinder

Die Mutter

Der Vater

Mein Dank geht an alle Kinder, die dieses
Theaterstück mit mir aufgeführt haben.
Durch eure Freude am Spiel ist meine
Geschichte erst richtig lebendig geworden.

Dankeschön, auch an alle HelferInnen.

Herzlichst,

Martina Bohr